Geschichten aus dem Zahlenland
Zehn Bücher mit je einer Geschichte für die Zahlen 1 bis 10
Entstanden im Rahmen der „Entdeckungen im Zahlenland“, einem Konzept für die frühe mathematische Bildung von Prof. Gerhard Preiß

Preiß, Gerhard:
Geschichten aus dem Zahlenland 1 bis 5
Buch 5: Die 5 hat Geburtstag
ISBN: 3-9809690-0-2

www.zahlenland.info

DAEKYO

Der Verfasser der Geschichten hat im Jahr 2003 eine Übertragung seines Projekts „Entdeckungen im Zahlenland“ auf das Home-School-System der Firma DAEKYO in Südkorea ausgearbeitet. Im Rahmen dieser Zusammenarbeit wurden die Geschichten ins Koreanische übersetzt und illustriert. Diese Bilder von Künstlern aus Südkorea wurden mit freundlicher Zustimmung von DAEKYO für die deutsche Ausgabe übernommen.
Illustration: Lee, Hyeong Jin
Satz und Druck: DAEKYO PUBLISHING / Tara TPS in Südkorea

Die 5 hat Geburtstag

Text: Gerhard Preiß **Illustration**: Lee, Hyeong Jin

Entdeckungen
im Zahlenland
von Prof. Preiß

Liebe Kinder, seid ihr auch schon zu einem Geburtstag eingeladen worden?

Alle sind fröhlich, essen und trinken und machen lustige Spiele.

Ich will euch erzählen, wie es war, als die Zahl 5 Geburtstag hatte.

Die Zahlen 1, 2, 3 und 4 erhalten von der Zahl 5 eine höfliche Einladung:

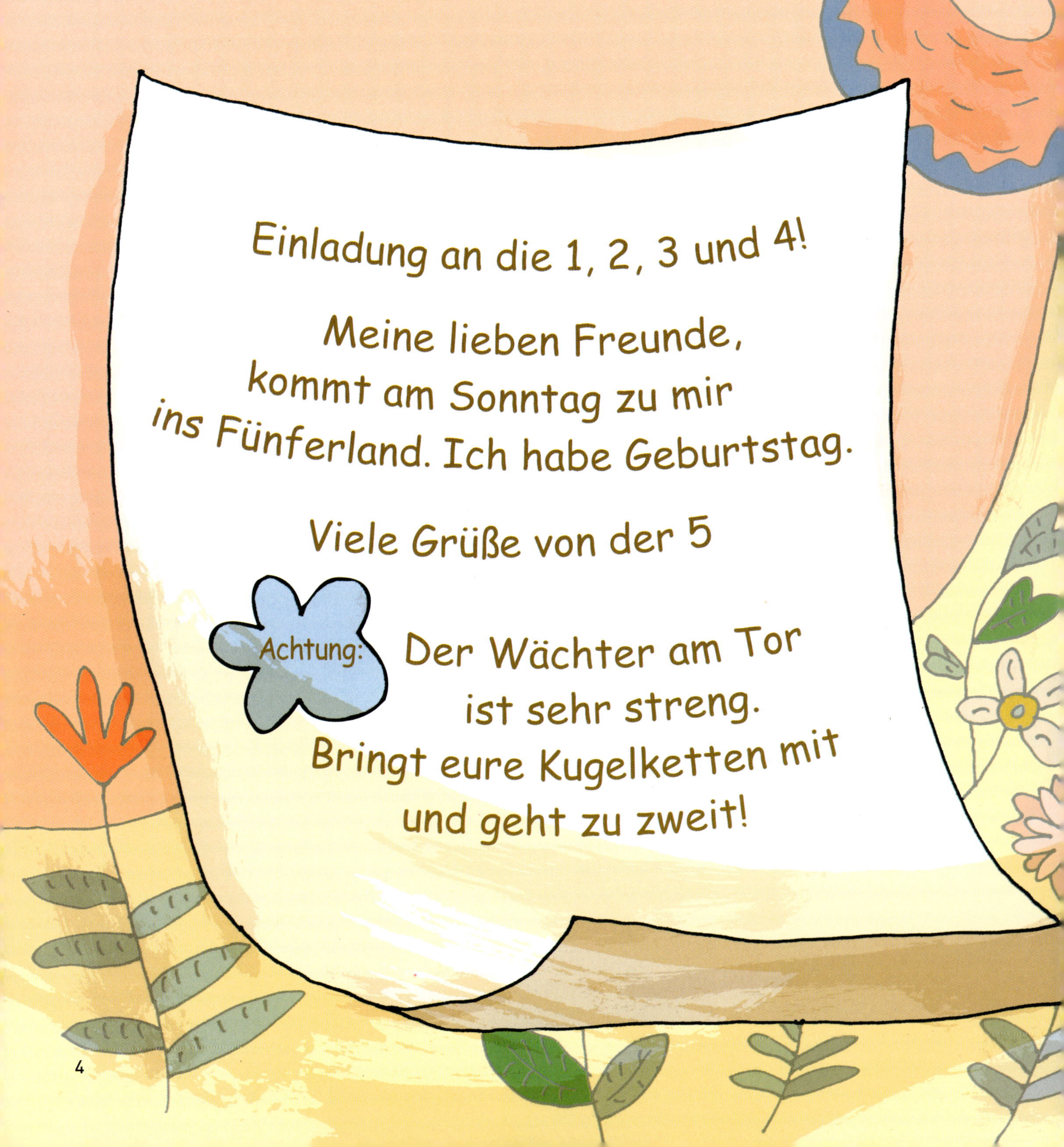

die 1, 2, 3 und 4!
Meine lieb unde,
mt am Sonntag zu mi
Ich habe Geburtstag.
Viele Grüße von der 5
Achtung:
Der Wächter am T
ist sehr streng.
Bringt eure Kugelketten mit
und geht zu zweit!

5

Am Sonntag stehen die 1, 2, 3 und 4 mit ihren Kugelketten vor dem Tor zum Fünferland.

Doch der strenge Wächter lässt sie nicht eintreten.

Wie er die Kette der 1 sieht, sagt er:

„Die 1 darf nicht hinein,
denn sie ist viel zu klein.“

Der 2 geht es nicht besser:

„Die 2 darf nicht hinein,
denn sie ist auch zu klein.“

Auch die 3 weist er ab, nachdem er ihre Kette geprüft hat:

„Die 3, die muss zurück,
ihr fehlt ein großes Stück."

Sogar die 4 darf mit ihrer Kette nicht ins Fünferland:

„Die 4, die muss zurück,
auch ihr fehlt noch ein Stück."

Was sollen die vier Freunde nur tun?

Was hatte ihnen die 5 geschrieben?

„Bringt eure Kugelketten mit und geht zu zweit!“

Sie denken nach. Und plötzlich finden sie die Lösung, wie sie ins Fünferland kommen.

Die kleine 1 geht mit der großen 4 vor das Tor und sagt zum Torwächter:

„1 - 2 - 3 - 4 - 5,
mach dich auf die Strümpf,
öffne weit die Tür:
Die 1 kommt mit der 4.“

Sie zeigen ihre beiden Kugelketten, die zusammen eine Fünferkette geben.

Da öffnet der Wächter freundlich das Tor:
„Bitte eintreten."

Dann stellen sich die 2 und die 3 vor den Torwächter:

„1 - 2 - 3 - 4 - 5,
mach dich auf die Strümpf,
gib das Tor uns frei:
Die 2 kommt mit der 3.“

Sie zeigen ihre Ketten, die zusammen
ebenfalls eine Fünferkette geben.

Jetzt dürfen auch sie
ins Fünferland eintreten.

Hinter dem Tor erwartet die 5 ihre vier Freunde, die zum Geburtstag gratulieren und als Geschenk ihre Kugelketten übergeben.

Sie sollen die 5 immer an ihre besten Freunde erinnern.

Alle sind fröhlich, essen Kuchen und trinken Saft dazu.

Wie es 5 Uhr schlägt, stehen die 1, 2, 3 und 4 auf und verabschieden sich von der 5, wie es im Fünferland Brauch ist: „Fünffachen Dank und auf Wiedersehen in fünf Tagen.“

Dann verlassen sie das Fünferland durch das Tor, durch das sie hereingekommen waren.

Der Torwächter winkt freundlich, und die 5 ruft ihnen nach:

„2 mit 3 und 1 mit 4,
so gefällt es mir.
Groß sind auch die Kleinen,
wenn sie sich vereinen.“

Fünf Englein haben g'sungen

Worte: aus „Des Knaben Wunderhorn"
Weise: volkstümlich